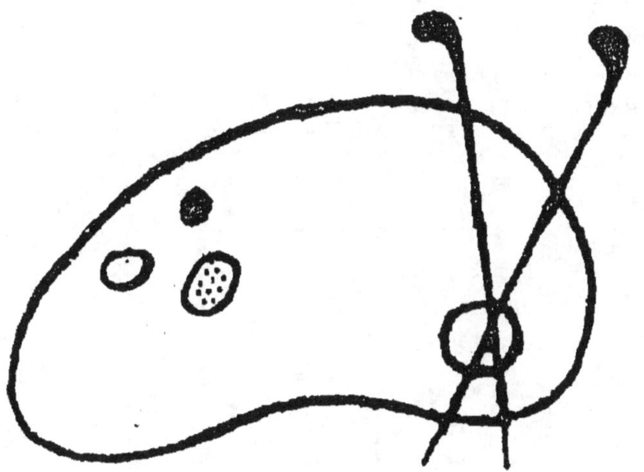

Début d'une série de documents
en couleur

BIBLIOTHÈQUE PHOTOGRAPHIQUE.

CE QU'ON PEUT FAIRE

AVEC DES

PLAQUES VOILÉES.

PHOTOCOLLOGRAPHIE AVEC DES PLAQUES VOILÉES,
MOYEN DE RENDRE LEUR SENSIBILITÉ AUX PLAQUES VOILÉES,
PLAQUES POSITIVES AU CHLOROBROMURE D'ARGENT,
PAPIERS ET PLAQUES AVEC VIRAGE A L'ENCRE DE TOUTES
COULEURS, ETC.

PAR

MAX FOREST

Rédacteur en chef du *Photo-Courrier*

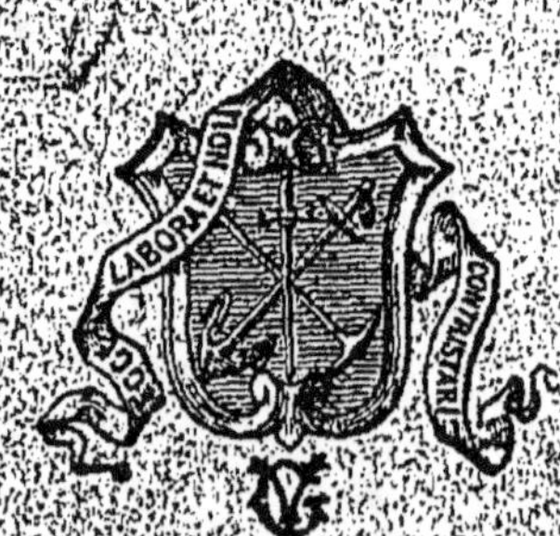

PARIS,

GAUTHIER-VILLARS ET FILS, IMPRIMEURS-LIBRAIRES,
ÉDITEURS DE LA BIBLIOTHÈQUE PHOTOGRAPHIQUE,
Quai des Grands-Augustins, 55.

1893

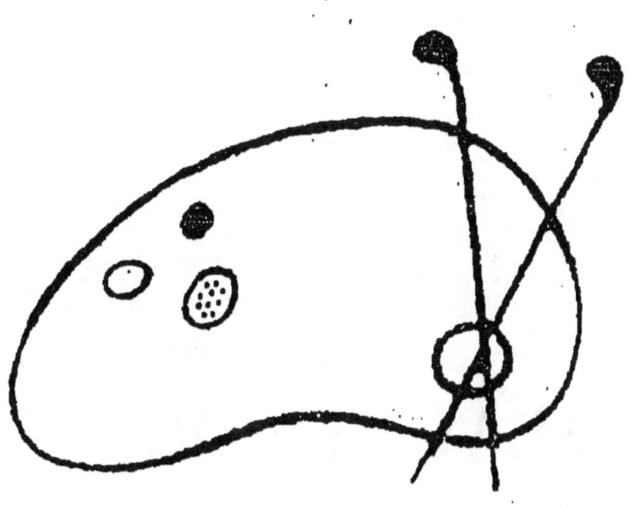

Fin d'une série de documents
en couleur

CE QU'ON PEUT FAIRE

AVEC DES

PLAQUES VOILÉES.

Paris. — Imp. Gauthier-Villars et fils, 55, quai des Grands-Augustins.

BIBLIOTHÈQUE PHOTOGRAPHIQUE.

CE QU'ON PEUT FAIRE

AVEC DES

PLAQUES VOILÉES.

PHOTOCOLLOGRAPHIE AVEC DES PLAQUES VOILÉES,
MOYEN DE RENDRE LEUR SENSIBILITÉ AUX PLAQUES VOILÉES,
PLAQUES POSITIVES AU CHLOROBROMURE D'ARGENT,
PAPIERS ET PLAQUES AVEC VIRAGE A L'ENCRE DE TOUTES
COULEURS, ETC.

PAR

MAX. FOREST,

Rédacteur en chef du *Photo-Courrier*.

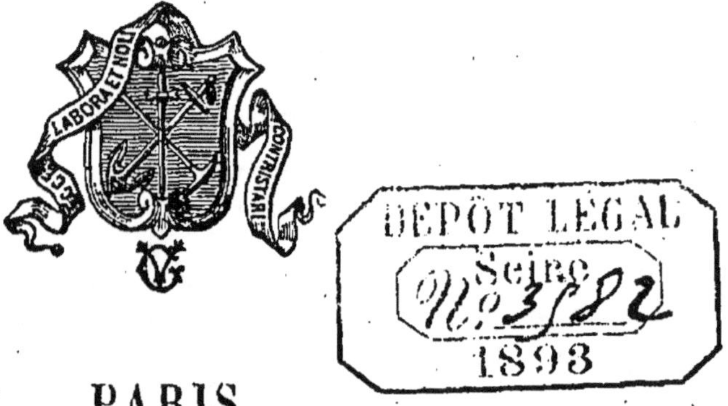

PARIS,

GAUTHIER-VILLARS ET FILS, IMPRIMEURS-LIBRAIRES,

ÉDITEURS DE LA BIBLIOTHÈQUE PHOTOGRAPHIQUE,

Quai des Grands-Augustins, 55.

1893

(Tous droits réservés.)

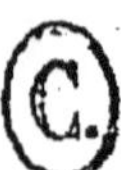

AVANT-PROPOS.

Je souhaite que mes lecteurs éprouvent autant
d'intérêt à lire ce petit Ouvrage que j'en ai pris
à l'écrire pour eux.

Peut-être me trouveront-ils parfois un peu
bref. Cela tient à deux causes :

La première est qu'avant tout j'ai cherché à
être clair et précis.

La seconde est que j'ai craint de fatiguer ceux
qui me liront, par des discours et des explica-
tions oiseuses.

Amateur photographe moi-même, j'ai écrit
cet Ouvrage dans le but d'être utile à tous mes
confrères, professionnels et autres, en leur indi-

quant les moyens pratiques, instructifs et surt<
économiques d'utiliser, pour vingt usages di{
rents, les plaques voilées dont, jusqu'ici, ils
savaient que faire.

MAX. FOREST.

Nancy, le 5 février 1893.

CE QU'ON PEUT FAIRE

AVEC DES

PLAQUES VOILÉES.

INTRODUCTION.

Qu'est-ce qu'une plaque voilée?

Quelles sont les causes du voile?

Il est bien simple de répondre à ces deux questions.

I. Une plaque voilée est une préparation sensible ayant vu accidentellement le jour pour une cause quelconque et, par ce fait, n'étant plus utilisable en Photographie.

II. Les causes du voile sont innombrables, — en effet, le voile est le plus fréquent accident qui puisse arriver au photographe ; accident

M. F.

irrémédiable, car un laboratoire mal fermé à la lumière du jour, un châssis mal construit, une ouverture de la grandeur d'une tête d'épingle dans le soufflet de la chambre noire, un obturateur mal posé sur l'objectif, des plaques de mauvaise qualité, un développateur trop violent, et que sais-je encore, suffisent pour le provoquer.

On a déjà donné bien des moyens chimiques pour faire disparaître le voile d'une plaque. Eh bien ! je puis affirmer que je les ai essayés presque tous et que j'ai presque toujours obtenu un piètre résultat, résultat ne permettant même pas de tirer une épreuve bien à point pour le virage.

Photocollographie avec des plaques voilées.

Ce procédé de Photocollographie, simple et pratique, ne peut manquer de plaire à un grand nombre de lecteurs, trop disposés à croire que cet art repose sur des principes abstraits et, par cela même, accessible aux seules personnes disposant d'une installation spéciale et pouvant faire de fortes dépenses.

Ce procédé se divise en cinq opérations bien distinctes :

1° *De la couche sensible.* — Prenons une plaque au gélatinobromure ayant vu le jour et, par ce fait, n'ayant plus aucune valeur pour le photographe ; plongeons-la dans une solution d'hyposulfite de soude jusqu'au moment où sa teinte opaline ayant complètement disparu, elle sera devenue parfaitement limpide ; lavons-la, pendant quelques heures, sous un fort courant d'eau, de façon à éliminer complètement l'hyposulfite de soude restant dans la couche sensible ; essorons-la pendant quelques instants, puis plongeons-la dans une solution de :

Eau........................... 1000 cc
Bichromate de potasse......... 50 gr

Après une immersion de quelques minutes, dans ce bain, on la portera dans le laboratoire obscur, éclairé seulement à la lumière rouge ou jaune foncé, on la fera sécher pendant dix ou douze heures, et la couche sensible sera prête pour le tirage.

2° *Du tirage.* — Le tirage se fait comme pour un positif ordinaire, c'est-à-dire que l'on met le cliché à reproduire dans un châssis-presse, gélatine en dedans ; puis on applique la couche sensible, bien sèche, contre le cliché, gélatine contre gélatine, on ferme le châssis-presse et on le porte à la lumière diffuse.

L'exposition, peu prolongée, varie entre trois et vingt-cinq minutes; on juge si l'insolation est suffisante quand les détails commencent à apparaître en gris sur la plaque bichromatée.

3° *Du développement.* — Pour développer la plaque ainsi impressionnée, il suffira de la tremper dans une cuvette pleine d'eau et de l'y laisser jusqu'au moment où la teinte jaune des sels de chrome aura complètement disparu. On changera l'eau plusieurs fois, de façon à ce que l'élimination des sels restant dans la couche sensible soit parfaite, puis on sortira la plaque, on l'égouttera et l'on passera sur ses bords une fine couche de vernis ainsi composé :

<pre>
Alcool à 90°...................... 75ᶜᶜ
Eau............................... 5
Gomme-laque blonde concassée... 30ᵍʳ
</pre>

On essorera, on mettra la plaque de côté, dans un endroit humide de préférence et à l'abri de toute poussière.

(Avoir soin de se servir de ces plaques avant séchage complet.)

4° *De l'encrage.* — On se procure pour l'encrage, chez un marchand de couleurs ou d'encres grasses :

1° Un rouleau en gélatine;

2° De l'encre photocollographique toute préparée (mais en petite quantité, car elle se dessèche rapidement).

Pour encrer, c'est-à-dire étaler l'encre, on nettoie avec soin deux plaques de verre de la grandeur photographique immédiatement supérieure à l'épreuve que l'on veut tirer; puis, avec un couteau plat quelconque, on étale sur l'une d'elles l'encre photocollographique le plus régulièrement possible, on en enduit également le rouleau en gélatine que l'on promène régulièrement ainsi chargé sur la plaque de verre préparée pour l'encrage; au bout de quelques minutes, cette dernière présente un aspect mat et régulier; mais, la plupart du temps, il y reste trop d'encre; aussi, pour obvier à cet inconvénient, on se sert alors de la seconde plaque, qui n'a subi aucune préparation, et l'on y promène le rouleau jusqu'au moment où l'on remarque qu'il ne contient plus aucun excès d'encre; on le repasse alors deux ou trois fois sur la première table à encrer (plaque de verre), et, délicatement, sans appuyer,

vite on le promène à plusieurs reprises sur le
phototype; ce dernier ainsi encré est alors prêt
à recevoir l'impression.

5° *De l'impression.* — On se procurera du
papier couché du commerce que l'on découpera
soigneusement de la grandeur nécessaire, puis
on prendra une ou deux feuilles de ce papier,
qui seront sacrifiées aux premières épreuves.

On saisira délicatement le phototype et on le
posera sur une épaisse plaque de feutre; puis,
sur le côté encré, on posera une feuille du papier (couché) par-dessus un morceau de carton
fin et l'on portera le tout sous la presse (une
presse à copier quelconque fera très bien l'af-
faire), on comprimera modérément et l'on retirera; la première épreuve présente presque
toujours certaines défectuosités, comme par
exemple : une irrégularité d'impression, un
excès d'encre, etc. On recommencera l'opération une seconde et une troisième fois en repas-
sant le rouleau sur les places du phototype où
l'encre fait défaut, et en enlevant avec un linge
très fin l'excès d'encre qui pourrait se trouver
sur certaines de ses parties.

Enfin, lorsque l'on a obtenu une épreuve satisfaisante, on commence le tirage, qui ne doit pas dépasser, avec ce procédé, une trentaine d'épreuves.

Si les épreuves devenaient faibles et sans vigueur, on passerait de nouveau le rouleau en gélatine sur la couche encrée.

Il existerait un sérieux inconvénient à tirer plus d'une trentaine d'épreuves à la fois, car, en la pressant, la gélatine s'aplatit peu à peu, de sorte que les dernières épreuves deviendraient de plus en plus pâles et manqueraient totalement de détails.

Pour tirer de 100 à 200 exemplaires, on fera autant de planches photocollographiques que l'on aura de fois 25 épreuves à tirer, et de cette façon on obtiendra toujours d'excellents résultats.

En comparant les dépenses insignifiantes occasionnées par ce procédé avec celles que l'on aurait faites en employant un papier photographique quelconque, l'avantage, au point de vue de l'économie, sera certainement en faveur des premières épreuves. Il y aura même double avantage, car elles sont absolument inaltérables et n'ont pas besoin des longues opérations de virage, fixage, lavages, etc.

On peut dès à présent prédire que, sous peu,

tout amateur photographe, vu les nouveaux et importants perfectionnements apportés à la Phototypie (ou plutôt employant le nouveau mot du Congrès de 1889) à la Photocollographie, laissera bien vite de côté toutes les préparations sensibles et à base d'argent, par conséquent altérables, pour ne plus se servir que de la table et du rouleau à encrer.

Imprimerie avec des plaques voilées.

Pour imprimer avec des plaques voilées, les opérations sont identiques à celles de la Photocollographie avec des plaques voilées.

On trempe une plaque voilée dans une solution d'hyposulfite à saturation jusqu'à complète disparition de la teinte opaline, on lave soigneusement, on sèche et on l'immerge dans la solution suivante :

$$Eau\dots\dots\dots\dots\dots\dots 500^{cc}$$
$$Bichromate\ de\ potasse\dots\dots 25^{gr}$$

On laisse la plaque de cinq à dix minutes dans cette solution, on la fait sécher à l'obscurité et elle-est prête à servir.

De l'exposition. — L'exposition se fait au

châssis-presse en posant l'imprimé ou les lettres à reproduire contre le cliché, côté imprimé contre gélatine; on expose au jour diffus. Quand l'insolation est jugée suffisante, on lave soigneusement à plusieurs eaux et l'on essore.

De l'encrage. — On encre en passant sur la planche bichromatée un tampon imbibé de bon noir lithographique, mais en ayant soin d'étendre la couche d'une façon très régulière; on essuie la planche en passant à sa surface deux ou trois feuilles de papier jusqu'à ce que les caractères se dessinent nettement.

Du tirage des épreuves. — Pour tirer les épreuves, on pose en dessous de la planche encrée une épaisse plaque de feutre, de manière à ce que la pression soit bien égale; puis on pose le papier à épreuve sur la planche, on recouvre le tout d'une mince feuille de carton et l'on porte sous presse (une presse quelconque pourra servir à cet usage), on comprime modérément pendant quelques secondes, on retire et, délicatement, on soulève la feuille de papier sur laquelle on aperçoit dessinés, avec beaucoup de finesse et de netteté, les caractères à reproduire, mais à l'envers. Pour obtenir des caractères à l'endroit, il faudra reproduire la planche, telle qu'elle était avant l'encrage, sur une autre planche préparée de la même façon ; cette reproduction se fera au châssis-presse absolument comme pour un papier sensible quelconque, mais en ayant soin de poser les côtés sensibilisés des plaques l'un contre l'autre.

Ce procédé, auquel je dois des résultats parfaits et, qui plus est, constants, m'a toujours donné une imitation parfaite des caractères d'imprimerie.

Rendre leur sensibilité aux plaques voilées.

Un moyen simple et pratique de rendre aux plaques voilées la presque totalité de leur sensibilité première, consiste à les traiter de la manière suivante.

On immergera ces plaques pendant douze heures dans une solution de :

Eau............................. 1000 cc
Bichromate de potasse......... 20 gr
Acide nitrique .... 2 à 4 cc

(Cette solution ne se conserve pas et ne peut servir qu'une seule fois.)

Puis on sortira les plaques de ce bain et on les lavera soigneusement à plusieurs eaux pour éliminer le bichromate de potasse qui est un retardateur et qui, d'autre part, cristalliserait dans la couche et produirait des piqûres. Toutes ces opérations se feront dans le laboratoire obscur.

Les plaques ainsi préparées sont plus lentes et serviront de préférence à faire des reproductions; mais il faudra avoir soin, avant le développement, de les plonger pendant dix minutes environ dans une solution qui se composera de :

Eau.......................... 1000^{cc}
Acide tartrique............... 1^{gr}

Le développement, que je conseille de faire à l'hydroquinone, d'après la nouvelle formule de M. G. Balagny ([1]), se fera avec un bain vieux, ou avec un bain neuf additionné d'une forte dose d'une solution de bromure de potassium.

Ces plaques donneront de bons résultats, mais je conseille de n'en préparer que très peu à l'avance, car elles ne se conservent pas au delà de trois jours, et leur sensibilité, ainsi que leur rapidité, décroît graduellement.

([1]) BALAGNY (George), *Hydroquinone et potasse*. Nouvelle méthode de développement à l'hydroquinone. In-18 jésus; 1891 (Paris, Gauthier-Villars et fils).

Second moyen de rendre leur sensibilité aux plaques voilées.

Un second moyen de rendre leur sensibilité aux plaques voilées a été indiqué par M. Rossignol dans le *Bulletin du Photo-Club*. L'opération consiste essentiellement à reconstituer le bromure d'argent qui a été en partie dissocié par l'action de la lumière, en plongeant la plaque dans un liquide capable d'attaquer cet argent réduit : le meilleur liquide est le bromure d'iode que M. Rossignol prépare ainsi :

Eau bromée à 3 pour 100........	50 cc
Teinture d'iode.................	20
Eau..........................	1000

On met dans une cuvette une partie de ce liquide et l'on y plonge la plaque pendant deux ou trois minutes, on rince à grande eau et l'on fait sécher.

Si la plaque n'était que partiellement voilée, il serait bon d'égaliser l'impression lumineuse en exposant la couche sensible une ou deux secondes à la lumière diffuse.

Il est bien entendu que des plaques ainsi traitées sont très lentes, mais pourront convenir pour faire des reproductions.

Moyen de rendre leur sensibilité aux plaques orthochromatiques voilées.

Ce procédé, très pratique, consiste à laisser les plaques pendant quelques heures dans un endroit humide; on les immerge ensuite dans une cuvette contenant de l'eau distillée; lorsque la couche de l'émulsion est bien gonflée, on les retire et on les essore soigneusement, puis on les plonge dans une solution de :

Eau........................ 1000 ^{cc}
Azotate d'argent............... 40 ^{gr}
Acide azotique pur .... 10 gouttes.

On laisse les plaques dans ce bain pendant un temps qui varie entre cinq minutes et un quart d'heure environ, puis on les sort, on les égoutte et on les sèche à l'abri de l'humidité et de toute poussière.

Les plaques préparées par ce moyen retrouvent leur sensibilité première, mais perdent beaucoup de leur rapidité; cependant elles sont encore très aptes à donner de belles reproductions, mais longuement posées, de tableaux et de paysages clairs.

Les plaques ordinaires peuvent sùbir avec succès la même préparation, mais elles ne donnent pas toujours des résultats certains, et ce procédé n'est absolument sûr qu'avec des plaques orthochromatiques.

Quelques considérations sur l'emploi et la régénération des plaques voilées.

Il y a quelque temps, le *British Journal* publiait un article concernant l'utilisation des plaques voilées.

Parmi ces procédés d'utilisation, il donne le moyen de rendre leur sensibilité première aux plaques voilées. Après avoir fait l'apologie d'une formule de régénération qu'il ajoute à son article, il conclut que, des procédés généralement employés, aucun n'est vraiment pratique, et qu'en particulier celui au bichromate de potasse ne donne que des demi-teintes éphémères, ne permet qu'une élimination incomplète des sels de chrome, que les grands blancs sont sans vigueur, etc. Il termine en engageant tous ses lecteurs à abandonner ce dernier procédé pour se servir exclusivement d'un autre qu'il affirme lui avoir donné des résultats absolument remarquables. Après plusieurs essais très complets de la formule qu'il recommande, je suis absolument obligé de dire qu'elle donne si peu de vigueur aux clichés que le renforcement est presque toujours nécessaire, renforcement qui ne réussit pas la plupart du temps.

Si, en faisant usage du procédé au bichromate de potasse, le rédacteur du journal anglais avait, comme moi, ajouté à son bain une faible quantité d'acide citrique, puis terminé par un lavage à l'acide tartrique, il aurait certainement été obligé de reconnaître que les demi-teintes, loin d'être éphémères, avaient la vigueur nécessaire, que les grands blancs étaient très beaux et avaient, en un mot, toutes les qualités que l'on doit trouver d'ordinaire dans un beau cliché normal, bref, que les résultats obtenus étaient parfaits.

Cependant, pour ne point laisser ignorer à mes lecteurs la recette préconisée par le *British Journal*, j'en transcris la plus grande partie.

Les plaques du commerce sont généralement bonnes, cependant on en trouve de défectueuses, qui ne donnent jamais que des épreuves voilées. Qu'en ferons-nous?

Les retourner au fabricant, les traiter au bichromate, les recouler? C'est le moyen le plus facile et le plus impossible, aucun fabricant ne voudra se charger de ce travail, à moins qu'il ne s'agisse de plusieurs centaines de plaques; mais, s'il ne s'agit que d'un petit nombre, le jeu n'en vaudra pas, à coup sûr, la chandelle.

Que faire donc? On pourrait se servir de ces plaques pour diapositifs; mais, malheureusement, là aussi il faut des blancs limpides et des épreuves sans voiles.

Si l'on a besoin d'une plaque lente, il est possible de se servir de ces plaques défectueuses, en les traitant par le bichromate de potasse, bien qu'en somme les résultats laissent à désirer.

Nous avions plusieurs douzaines de plaques qui se voilaient parce qu'elles étaient conservées depuis trop longtemps et que leur préparation avait été défectueuse; elles étaient réellement inutilisables.

Le verre seul aurait eu une certaine valeur s'il eut été propre, mais il eût fallu le nettoyer et sa valeur n'eût pas payé le travail. L'émulsion avec laquelle ces plaques étaient recouvertes contenait du chlorure en quantité assez considérable qui augmentait leur tendance au voile et surtout à donner des bords métallisés; le centre avait conservé ses bonnes qualités.

Après quelques essais, nous nous sommes arrêté au procédé suivant pour utiliser ces plaques défectueuses.

L'acide chromique et le bichromate de potasse ont servi, dans le temps, avec d'autres agents oxydants, à restaurer les plaques qui se voilaient; mais la difficulté était de ne pouvoir éliminer, et jusqu'à la dernière trace, ces produits qui, par leur présence en minime quantité dans la couche de gélatine, tendaient à donner de la dureté sans aucune demi-teinte, mais avec des noirs très purs, en même temps qu'ils augmentaient outre mesure le temps de pose. Les plaques ainsi traitées paraissaient d'une finesse extraordinaire et étaient splendides au développement; au fixage elles paraissaient magnifiques, mais au lavage on constate qu'elles n'ont plus que les grandes lumières et que les demi-teintes sont éphémères et d'une transparence incroyable.

Ce défaut est d'autant plus grand qu'on a conservé plus longtemps les plaques et ni le moyen de développer, ni le développateur et même le renforçage ne parviennent à l'atténuer.

Partant de ces considérations, nous avons plongé nos plaques dans une solution de :

Bichromate de potasse................	25^{gr}
Bromure de potassium	5
Eau distillée.........................	480^{cc}

Après cinq minutes d'immersion, bien qu'il soit préférable de les laisser de dix à quinze minutes, nous les avons bien lavées à l'eau distillée; ceci est important pour empêcher la formation de chromates étrangers qui exerceraient une fâcheuse influence sur les résultats de l'opération.

Après une immersion de dix minutes, on les met dans un second bain d'eau distillée à laquelle on ajoute de l'ammoniaque (3 gouttes pour 100^{gr} de liquide) pour neutraliser les acides et convertir les bichromates en monochromates jaunes; et l'on continue à laver à l'eau distillée jusqu'à ce que celle-ci ne soit plus colorée en jaune.

Quand la plaque est bien lavée, on l'essaye au réac-

2.

tif. A cet effet, on laisse tomber dans l'eau d'égouttage une goutte de nitrate d'argent en solution faible.
Si celle-ci, au bout d'une minute, ne produit plus la
coloration brune ou rouge du chromate d'argent, le
lavage est parfait.

On a cependant un réactif encore plus sensible ; on
prépare du carbonate d'argent frais et, après avoir
lavé, on le fait sécher et on laisse tomber quelques
gouttes de l'eau d'égouttage des plaques lavées ; la
moindre trace de sel de chrome formera de suite du
chromate neutre d'argent d'une couleur brun pourpre
foncé.

On laisse alors sécher les plaques sur du papier
buvard dans un endroit sec ou obscur.

Ces plaques sont alors presque aussi rapides qu'a-
vant leur traitement.

Comme on le voit, ce procédé, outre sa com-
plication inutile et fastidieuse, fait revenir des
plaques ainsi préparées à un prix sensiblement
plus élevé que les plaques fraîches du commerce.

Avec des plaques ordinaires, fabrication de plaques orthochromatiques.

Ce mode de fabrication, bien simple, consiste
à plonger des plaques ordinaires dans le bain
suivant préparé à chaud :

Eau .... 200^{cc}
Écorce de marrons d'Inde....   75^{gr}
Acide citrique...............   0^{gr},05

Cette décoction servira indéfiniment; mais, de préférence, mieux vaut la préparer au fur à mesure de ses besoins.

On laissera les plaques cinq à dix minutes dans ce bain, on les séchera à l'abri de la lumière et de toute poussière.

La préparation sensible obtenue par ce moyen aura toutes les qualités des plaques orthochromatiques préparées commercialement; ces plaques se conservent très bien et peuvent être préparées longtemps à l'avance.

Avec des plaques voilées, obtention de plaques rapides au ferro-prussiate.

Jusqu'ici, aucun fabricant de plaques, du moins à ma connaissance, ne fabrique de glaces au ferro-prussiate, et pourtant on obtient, avec cette préparation sensible, de magnifiques résultats, égaux et même supérieurs à ceux que permettent d'obtenir les papiers camaïeu, transparents, etc., etc.

Le procédé de fabrication de ces glaces est des plus simples.

On prend une glace au gélatinobromure, voilée ou non, on la dépouille complètement de son bromure d'argent en l'immergeant, jusqu'à complète disparition de la teinte opaline, dans la solution suivante :

Eau......................... 1000 cc
Hyposulfite de soude .... 200 gr

Puis on lave soigneusement jusqu'à élimination complète du sel fixateur et on la plonge dans une solution de :

1re SOLUTION.

Eau distillée ou de pluie .... 500 cc
Citrate de fer ammoniacal ...... 180 gr
Acide oxalique.................. 8

2e SOLUTION.

Eau distillée ou de pluie........ 500 cc
Prussiate rouge de potasse...... 120 gr

BAIN COMPLET.

1re solution .... 250 cc
2e solution 325

Laisser la plaque plongée dans ce bain pendant deux ou trois minutes et, séchée, elle sera prête à servir.

Exposition. — L'exposition se fait comme pour les papiers sensibles ordinaires, en plaçant ces plaques dans le châssis, gélatine contre gélatine; on expose au jour diffus, on arrête l'insolation lorsque les détails apparaissent en gris sur la plaque au ferro-prussiate, et que cette dernière est devenue d'une teinte olivâtre.

Au premier abord, l'épreuve semble absolument uniforme, mais, si on la plonge pendant dix minutes dans de l'eau souvent renouvelée, on la voit peu à peu se dépouiller de ses sels non impressionnés ; quand l'intensité acquiert son maximum, on met la plaque dans la solution suivante :

Eau............................. 125^{cc}
Bichromate de potasse........... 12^{gr}
Acide chromique................. 1

On laisse l'épreuve dans ce bain jusqu'à ce qu'elle ait pris une couleur bleue très foncée (cependant l'immersion ne doit pas dépasser un quart d'heure); on la lave soigneusement et on la sèche à l'abri de toute poussière.

Les épreuves obtenues par ce procédé sont absolument inaltérables et, vues par transparence, ont un cachet de haute originalité.

Avant de terminer, je tiens à dire que les papiers au ferro-prussiate peuvent se préparer de la même manière que les glaces, en ayant soin de se servir toujours d'un beau papier glacé ou couché; les opérations du développement s'effectuent d'une manière identique.

Ajoutons que toutes les opérations (sensibilisation et développement) doivent se faire dans le laboratoire obscur, ou le soir à la lumière d'une lampe ou du gaz.

Avec des plaques voilées, préparation de glaces au gélatinochlorure d'argent, pour clichés positifs transparents sans développement.

Ce procédé est très simple et les manipulations en sont peu compliquées.

Comme je l'ai indiqué précédemment, on dépouille de son argent une plaque au gélatinobromure en la plongeant dans une solution d'hyposulfite à saturation; on lave avec soin et on laisse sécher.

Puis on prépare un bain ainsi composé :

Eau distillée.....................	1000^{cc}
Azotate d'argent...............	70^{gr}
Acide acétique cristallisable	10
Chlorure de sodium (sel de mer).	traces

(Agiter jusqu'à complète dissolution et filtrer ; il est bon, si l'on ne se sert pas tout de suite du bain, de l'agiter longuement au moment de s'en servir.)

On plonge pendant cinq minutes la plaque de gélatine dans ce bain, on l'essore soigneusement, on la sèche à l'abri de la lumière et de l'humidité, et elle est prête à servir.

Les opérations du virage et du fixage sont absolument semblables à celles exigées par un papier sensible quelconque.

Voici une excellente formule de virage :

Eau distillée.................... 1000 cc
Acétate de soude .... 35 gr
Chlorure d'or pur............... 1

Lorsque la surface sensible est arrivée au ton voulu, on la sort de ce bain, on la lave superficiellement et on la plonge dans le bain fixateur ainsi composé :

Eau......................... 1000 cc
Hyposulfite de soude........... 125 gr
Alun 4

Laver avec soin et laisser sécher.

Les tons obtenus sont très chauds et très variés, et les épreuves remarquables par leur très grande finesse.

M. F.   2*

Préparation des glaces au gélatinochlorobromure d'argent avec des plaques voilées.

Au premier abord, le titre de ce Chapitre semble un peu compliqué, et pourtant rien n'est si simple que la préparation des plaques au gélatinochlorobromure d'argent, qui donnent des clichés positifs admirables.

On prendra donc des glaces au gélatinobromure voilées ou non, on les exposera quelques secondes à la lumière diffuse et on les plongera dans un bain de :

$$\text{Eau} \ldots \ldots \ldots \ldots \ldots \ldots \qquad 1000^{cc}$$
$$\text{Chlorure de cuivre} \ldots \ldots \ldots \qquad 40^{gr}$$
$$\text{Bromure de potassium} \ldots \ldots \ldots \qquad 5^{gr}$$

on les y laissera quelques minutes, puis on lavera à grande eau pour éliminer le sel de cuivre et on les laissera sécher.

Le bromure d'argent qui avait été dissocié par la lumière sera de nouveau converti par le bain précédent en un mélange de chlorure et de bromure d'argent.

(Il est bien entendu que toutes ces opérations seront faites dans le laboratoire obscur, ou dans une pièce éclairée à la lumière jaune.)

L'exposition se fera au châssis-presse, comme pour un papier photographique ordinaire, seulement elle sera presque instantanée et durera au plus quarante secondes, suivant l'intensité de la lumière.

On développera ces plaques avec un vieux bain d'hydroquinone ou d'iconogène, ou encore avec un bain neuf additionné d'une assez forte dose d'une solution de bromure de potassium ainsi composée :

Eau........................... 150 cc
Bromure de potassium........... 10 gr

Le fixage se fera dans un bain d'hyposulfite de soude à 15 pour 100.

Les tons obtenus sont très fins et très riches ; pour les projections ou positives sur verre, ces plaques remplaceront avantageusement les glaces au chlorure d'argent, sans présenter, comme elles, l'inconvénient d'être absolument hors de prix.

Avec des plaques voilées, obtention de plaques salées.

Pour obtenir des positives sur verre présentant l'aspect d'un dessin ou d'une reproduction de gravure et ayant une belle teinte grise, il suffira de dépouiller, avec l'aide de l'hyposulfite de soude, une plaque voilée de ses sels d'argent, de la laver, de la sécher soigneusement et de la plonger dans un bain ainsi composé :

Eau distillée ou de pluie........ 100^{cc}
Chlorure de sodium .... 4^{gr}

On la laissera dans cette solution pendant un temps variant de dix minutes à un quart d'heure environ, on la séchera et on la plongera dans un second bain de :

Eau distillée.................... 100^{cc}
Nitrate d'argent cristallisé ...... 15^{gr}

On laissera la plaque dans cette solution pendant cinq minutes environ, puis on la séchera avec soin à l'obscurité, à l'abri de toute poussière, et la plaque sera prête pour l'exposition.

L'exposition se fait comme pour un papier sensible quelconque ; lorsque l'image apparaît en gris, on rentre dans le laboratoire et on plonge la plaque dans un bain de virage quel qu'il soit; tous réussissent bien, cependant il en est un que je recommande comme donnant des épreuves tout à fait remarquables, savoir :

1re SOLUTION.

Eau distillée...................... 100 cc

Chlorure d'or pur.............. 1 gr

2e SOLUTION.

Eau distillée..................... 2000 cc

Acétotungstate de soude....... 40 gr

BAIN COMPLET.

1re solution..................... 45 cc

2e solution..................... 750

Lorsque le ton désiré sera venu, on rincera soigneusement la plaque dans plusieurs eaux et on la plongera, pour le fixage, dans une solution de :

Eau filtrée...................... 1000 cc

Hyposulfite de soude.......... 100 gr

(Le fixage durera cinq minutes environ.)

Puis on lavera soigneusement pendant six heures, on séchera à l'alcool et, pour assurer la conservation indéfinie de l'épreuve, on vernira à la gomme laque.

Positifs sur plaques au gélatinobromure d'argent.

Placez-vous dans le laboratoire obscur.

Mettez dans un châssis-presse le négatif à reproduire et une plaque au gélatinobromure, gélatine contre gélatine ; fermez le châssis-presse et exposez-le au jour pendant un temps variant de une à quatre secondes, suivant l'intensité de la lumière ; rentrez rapidement au laboratoire et développez la glace dans un révélateur quelconque, vieux de préférence, et très dilué, additionné d'une petite quantité de la solution suivante :

Eau distillée...................... 100^{cc}
Bromure de potassium.......... 10^{gr}

Poussez très fortement le développement jusqu'à ce que les noirs soient très intenses et que les blancs commencent à se teinter, puis lavez la plaque avec soin et fixez dans le bain suivant :

Hyposulfite de soude........... 100^{gr}
Bisulfite de soude.............. 10
Eau filtrée..................... 1000^{cc}

Lavez et séchez soigneusement et vous obtiendrez un magnifique positif à tons noirs.

Moyen pratique d'obtenir des positifs sur verre de tons extrêmement variés, avec des plaques ordinaires.

Les opérations qui vont suivre sont, pour ainsi dire, le complément de celles du précédent Chapitre, car elles permettent d'obtenir avec les positifs de tons noirs des positifs de couleurs très variées, très chauds et très fins.

Après les opérations précédentes, c'est-à-dire le fixage et le lavage, le positif étant complètement sec, on l'immergera dans une cuvette d'eau pour ramollir la gélatine et on le plongera dans une solution de :

Eau distillée ou de pluie .... 300^{cc}
Bichlorure de mercure **(toxique)** 10^{gr}

On laissera l'image blanchir et disparaître plus ou moins, selon les tons que l'on désire obtenir; puis on lavera à plusieurs eaux et l'on fixera dans la solution suivante :

Eau............................. 100^{cc}
Hyposulfite de soude .... 15^{gr}

On terminera par un lavage soigné, dans plu-

3.

sieurs eaux additionnées d'un peu d'ammoniaque, en ayant soin que la dernière eau de
lavage soit ainsi composée :

Eau............................ 1000 cc
Acide citrique .... 2 gr

On fera sécher rapidement en exposant la
plaque à un fort courant d'air, et, pour rendre
l'épreuve absolument inaltérable, il sera bon de
la vernir.

Voici une formule d'excellent vernis, très
transparent :

Alcool rectifié................... 250 cc
Gomme laque blonde .... 25 gr
Essence de térébenthine 1

On laissera sécher pendant quelques heures.

**Avec des plaques voilées, méthode d'impression
aux sels, avec virages à l'encre de toutes couleurs.**

Cette méthode, très pratique et d'une grande
simplicité, permet de donner à une épreuve quelconque une grande diversité de couleurs et de
tonalités.

Les couleurs les plus faciles à obtenir sont :

Rouge, jaune, noir, indigo, vert, etc.

Les opérations qui vont suivre conviendront
aussi bien à la préparation des plaques qu'à celle
des papiers.

PRÉPARATION DES PLAQUES.

On immerge une plaque voilée dans le bain
suivant :

Eau........................... 1000^{cc}
Hyposulfite de soude .... 200^{gr}

On la laisse dans ce bain jusqu'à disparition
absolue de la teinte opaline, on la lave soigneusement, on la sèche ; elle est alors prête pour la
sensibilisation.

PRÉPARATION ET ENCOLLAGE DES PAPIERS.

On se procurera du papier couché ou du papier à gros grains, dit papier Wattmann ; on le
découpera de la grandeur de l'épreuve à tirer et
on le plongera pendant quelques minutes dans
la solution suivante :

Eau .... 1000^{cc}
Alcool....................... 25^{gr}
Gélatine..................... 225

On retirera et on laissera sécher pendant
six heures.

De la sensibilisation. — L'opération suivante se fera au laboratoire obscur et sera commune aux plaques et aux papiers.

On plongera la surface à sensibiliser dans le bain suivant, qu'il faudra préparer un quart d'heure avant de s'en servir, car il ne se conserve pas :

Chlorure de fer................	25 gr
Acide citrique.................	25
Eau filtrée ou de pluie........	1000 cc

On la laissera dans ce bain pendant dix minutes environ et on la fera sécher.

DE L'EXPOSITION.

On expose au châssis-presse comme pour un papier photographique ordinaire, on laisse la surface sensible se solariser jusqu'à apparition de l'image, et la plaque ou les papiers sont prêts à être virés.

DU VIRAGE. — VIRAGE A L'ENCRE ROUGE.

On préparera un bain de :

Eau...........................	1000 cc
Gélatine......................	55 gr
Gomme arabique...............	1
Encre écarlate................	6

On peut remplacer l'encre écarlate par 2^{gr} de fuchsine.

On immergera la surface sensible dans ce bain chauffé de 20° à 25°; les parties impressionnées de l'image absorberont seules la matière colorante.

On laissera les papiers ou les plaques dans le bain de virage pendant dix minutes environ, on les fera sécher, puis on les lavera rapidement à deux ou trois eaux; on fera de nouveau sécher; la dessiccation terminée, l'épreuve obtenue sera rouge sur fond blanc et aura un très joli aspect; on l'émaillera, pour en rehausser l'éclat, en la faisant sécher sur un verre enduit de la solution suivante :

$$
\begin{array}{lr}
\text{Benzine} \dots\dots\dots\dots\dots\dots\dots & 100^{cc} \\
\text{Cire jaune} \dots\dots\dots\dots\dots\dots\dots & 25^{gr}
\end{array}
$$

On appliquera l'épreuve mouillée sur la glace, on passera le rouleau en caoutchouc pour chasser les bulles d'air et l'on séchera à l'abri de la chaleur; l'épreuve sèche se détachera facilement et présentera une belle surface émaillée.

Virage à l'encre jaune. — Les opérations sont les mêmes que les précédentes; cependant, comme on ne trouve pas dans le commerce de l'encre jaune, voici une formule qui la remplacera avantageusement :

Alcool............................... 25ᶜᶜ
Terre de Sienne en poudre....... 6ᵍʳ

Puis, comme précédemment, la solution de :

Gomme arabique............. 0ᵍʳ,05
Eau........................ 150ᶜᶜ
Acide acétique 0ᵍʳ,05
Gélatine..................... 50ᵍʳ

On ajoutera à ce bain 10ᵍʳ de la solution de terre de Sienne dans l'alcool.

Virage à l'encre noire. — Pour le virage à l'encre noire, le bain sera le suivant :

Gomme arabique............. 0ᵍʳ,05
Eau........................ 150ᶜᶜ
Acide acétique............... 0ᵍʳ,05
Gélatine..................... 50ᵍʳ

auquel on ajoutera 2ᵍʳ d'encre de Chine liquide ; on pourra aussi employer la solution ci-après :

Vinaigre dilué.................. 25ᶜᶜ
Noir d'ivoire.................... 3ᵍʳ

Virage à l'encre bleue. — Formule :

Gomme arabique.............	1 gr
Eau........................	150 cc
Carbonate de soude..........	0 gr,05
Gélatine...................	30 gr

à laquelle on ajoutera quelques gouttes d'une bonne encre bleue, ou bien 5cc du bain suivant :

Eau........................	10 cc
Bleu de Prusse..............	1 gr

Virage à l'encre verte. — Même formule que ci-dessus, sauf à remplacer l'encre bleue par l'encre verte ou par 5cc du composé suivant :

Eau........................	10 cc
Vert de Scheele (**toxique**).......	1 gr

etc., etc.

On pourra obtenir avec n'importe quelle matière colorante des tons de toute beauté et très variés, présentant toujours l'image couleur de l'encre dans laquelle on l'aura virée, sur le fond resté blanc, ce qui tranchera bien et fera opposition d'un bel effet.

Peintures sur gélatinobromure d'argent.

L'amateur photographe, s'il a quelques notions de peinture, trouvera une distraction charmante, facile, en suivant la méthode que je vais indiquer.

Prenons une plaque au gélatinobromure d'argent et plongeons-la pendant une demi-heure, et en pleine lumière, dans une solution composée de :

    Eau............................ 500^{cc}
    Alun........................... 60^{gr}
    Hyposulfite de soude........... 3

Puis sortons-la de ce bain, lavons-la soigneusement et, sans la laisser sécher, mettons-la immédiatement dans une cuvette contenant 150^{cc} d'un bain ainsi composé :

    Blanc d'œuf battu en neige et
      reposé douze heures........... 50^{gr}
    Eau............................ 25^{cc}
    Acide citrique ou acétique..... 1^{gr}

Laissons la plaque dans ce bain pendant un quart d'heure environ, et, sans la laver, portons-la en pleine lumière, où elle restera jusqu'à ce qu'elle soit parfaitement sèche.

Avec une plaque ainsi préparée et en peignant

avec des couleurs à l'albumine (¹), on obtiendra
de merveilleux résultats, et surtout une finesse
si extraordinaire de couleurs, une graduation si
vraie des demi-teintes et un modelé si parfait,
que certainement toute personne ayant essayé
ce procédé abandonnera, pour l'adopter définiti-
vement, les papiers qui boivent et les bristols qui
ne prennent pas la couleur.

Si l'on veut peindre avec des couleurs à l'aqua
relle, il sera bon de se servir, pour étendre ses
couleurs, d'une solution de :

Blanc d'œuf battu en neige et
    reposé douze heures......... 40^{gr}
Eau .... 20^{cc}
Acide borique................. $0^{gr},05$

Si l'on veut peindre à l'huile, il suffira, pour
toute préparation, de plonger au préalable la
plaque pendant quelques instants dans une solution ainsi composée :

Essence de térébenthine.......... 25^{gr}
Eau.............................. 15^{cc}
Alun............................. 8^{gr}
Hyposulfite de soude............. 8

(¹) Si l'on désire trouver un exposé très clair de la peinture à l'albumine par les procédés du chimiste Encausse,
consulter la petite brochure de ce praticien qui donnera
toute satisfaction à ce sujet.

On fera d'abord dissoudre séparément la solution d'alun et d'hyposulfite dans l'eau bouillante et, lorsque ce bain sera complètement refroidi, on le mélangera peu à peu à l'essence de térébenthine. Il n'est pas inutile de faire remarquer que ce dernier procédé donne des résultats très aléatoires ; aussi l'on fera mieux de s'en tenir strictement à la peinture à l'albumine et à l'aquarelle.

Traitement des résidus photographiques.

De plaques dont le développement sera manqué, la couche sensible déchirée ou détachée, on pourra très facilement extraire de l'argent chimiquement pur.

On fera dissoudre l'argent de la couche sensible dans une solution d'hyposulfite de soude à saturation ; lorsque la gélatine sera devenue transparente, ce qui prouvera que les sels métalliques sont dissous, on filtrera la solution et on la laissera reposer pendant quelques heures, on décantera, puis on la mélangera en parties égales avec un bain composé comme suit :

Eau tiède et filtrée .... 250^{cc}
Oxalate neutre de potasse....... 75^{gr}
Acide sulfurique................... 0^{cc},05

(Il ne faudra préparer ce bain qu'au fur et à mesure de ses besoins, car il ne se conserve que fort peu de temps.)

On agitera jusqu'à complète dissolution, puis on lui ajoutera la solution suivante :

Eau............................ 100^{cc}
Sulfate de fer................. 30^{gr}
Acide sulfurique.............. 1

On secouera plusieurs fois de manière que le mélange soit bien complet, puis on portera le bain à ébullition ; sous l'influence de la chaleur, l'argent se précipitera sous forme de poudre ayant des reflets métalliques et sans couleur bien définie, on décantera cette poudre, on la mélangera à environ deux fois son volume d'acide azotique pur, on évaporera lentement à l'air libre et au soleil et l'on obtiendra des cristaux blancs d'azotate d'argent chimiquement pur.

Si toutes ces opérations sont menées avec soin et propreté, le résultat est toujours certain ; les résidus de papiers sensibles quelconques, virés ou non, peuvent subir avec succès des opérations identiques.

Néanmoins, avant de terminer, je tiens à dire que, la plupart du temps, les résidus n'étant pas très choisis, on obtiendra dans ce cas des sels d'argent contenant quelques traces d'or métallique.

Moyen pratique de débarrasser de leur couche de gélatine les plaques voilées ou gâtées.

On immerge tout d'abord les plaques à dépouiller dans une cuvette contenant la solution suivante, destinée à ramollir la gélatine :

$$\text{Eau}\dots\dots\dots\dots\dots\dots\dots\dots\dots\dots 200^{cc}$$
$$\text{Chlorure de sodium (sel marin)}. \quad 50^{gr}$$

puis, sans les laver, on les plonge dans une autre solution ainsi composée :

$$\text{Acide chlorhydrique}\dots\dots\dots\dots\dots 75^{cc}$$
$$\text{Eau}\dots\dots\dots\dots\dots\dots\dots\dots\dots\dots, \dots 35$$

On les laisse dans ce bain pendant une demi-heure environ.

Pour enlever la gélatine, il suffira alors de la soulever par un des coins de la plaque, elle se détachera presque toujours sans difficulté ; cependant, s'il fallait le moindre effort pour l'enlever, on plongerait de nouveau les plaques dans le bain d'acide chlorhydrique, mais que l'on aurait fait bouillir au préalable.

Des résidus obtenus on pourra, très facilement, extraire de l'argent pur, en se reportant, pour le mode d'emploi, au Chapitre précédent ayant pour titre : *Traitement pratique des résidus photographiques.*

Virage donnant des tons verdâtres (dit virage nocturne) imitant les clairs de lune.

Ce virage, que l'on vend partout à des prix extrêmement élevés et comme une composition absolument remarquable, s'obtient de la façon la plus simple en ajoutant, au virage ordinaire à base de chlorure d'or, une solution à saturation de permanganate de potasse (quantité 2 à 3 pour 100).

Mode d'emploi. — Ce virage permet de donner à un paysage quelconque un magnifique effet de lune ou un aspect nocturne; l'épreuve, tirée sur un papier sensible blanc, est lavée soigneusement et plongée dans le virage, dont on verse dans une cuvette juste la quantité nécessaire pour les épreuves que l'on doit virer.

On laisse le papier dans le virage pendant dix minutes environ; cela suffit pour former la teinte que l'on désire obtenir et le virer complètement.

En le sortant du virage, le plonger immédiatement, après un court lavage, dans une solution de :

Eau.............................. 500cc
Sulfite de soude................. 8gr
Hyposulfite de soude 45

On le laisse dans ce bain cinq à dix minutes pour obtenir un fixage complet, on le lave pendant cinq à six heures dans plusieurs eaux et on le laisse sécher.

Avec une plaque voilée, moyen de donner de la douceur aux épreuves.

Lorsque l'on a un cliché trop intense, présentant dans les blancs des détails durs et heurtés, il faut, pour y remédier, employer un *descendeur;* encore cette opération réussit-elle fort peu souvent.

Pour se passer de descendeur, tout en affaiblissant, au tirage, l'exagération du cliché, il suffira de poser sur le châssis-presse une plaque au gélatinobromure voilée, à laquelle on aura fait subir au préalable l'opération suivante. On l'immergera dans un bain de :

Eau............................ 150 cc
Hyposulfite de soude............ 8 gr
Sulfite de soude................ 2
Alun............................ 3
Chlorure de sodium............. traces.

On laissera la plaque dans cette solution pendant cinq minutes, puis on la lavera soigneusement et à plusieurs eaux, on laissera sécher, et l'on aura une plaque absolument inaltérable à l'air et à la lumière, pouvant servir indéfiniment au même usage.

On obtiendra par ce moyen des positives très douces et très fines; mais faut avoir grand soin de tirer exclusivement à l'ombre.

Procédé pour obtenir des positifs très doux et des négatifs très durs.

M. Foëx indique, dans le *Bulletin de la Société française de Photographie,* un moyen très simple permettant d'obtenir des positifs très doux et des négatifs très durs, moyen qui, pour ma part, m'a toujours admirablement réussi.

Je transcris la plus grande partie de sa communication :

On a recommandé de modifier les négatifs sur verre en formant une image au dos du cliché.

Dans ce but, on a employé divers procédés qui présentent tous des inconvénients divers, plus ou moins grands.

Le meilleur est celui de M. Gödérus, qui consiste à faire une positive sur pellicule faiblement développée et à l'appliquer sur le dos du négatif, pendant l'impression à la lumière diffuse.

Ce procédé apporte avec lui les inconvénients de son prix assez élevé et de sa manipulation trop minutieuse, qui ne le recommande pas aux amateurs et surtout aux photographes de profession, qui trouvent de beaucoup préférable la retouche directe au crayon.

Ces inconvénients disparaissent si l'on emploie, au lieu de pellicules au gélatinobromure, le papier camaïeu Rolland lithophanique, que l'on peut trouver chez tous les marchands de papiers photographiques.

Ce papier donne une positive de couleur bleue sur papier très résistant, transparent et à grains très fins. Il se développe par simple lavage à l'eau et séchage sous presse.

L'image, que l'on pousse plus ou moins, suivant que le négatif est plus ou moins dur, est appliquée sur le dos du négatif pendant l'impression qui se fait à la lumière diffuse; par ce moyen, les parties trop transparentes du négatif sont renforcées proportionnellement à leur excès de transparence et l'on obtient une bonne image positive.

La couleur bleue des pellicules est très favorable

pour ce procédé et de beaucoup préférable à la couleur noire des pellicules au gélatinobromure conseillées par M. Godérus.

Comme on le voit, ce procédé est des plus simples et des plus économiques.

Carreaux de laboratoire fabriqués avec des plaques voilées.

On dépouille complètement de leur gélatine les plaques voilées ou gâtées.

Puis on les lave soigneusement et on les essuie avec un linge fin ou une peau de daim bien sèche.

On prépare un vernis composé ainsi :

        Alcool.................................... 35^{gr}
        Gélatine................................. 18
        Gomme arabique................. 1^{gr},5
        Fuchsine................................. 2

Cette solution se fait à chaud.

Il est à remarquer que l'on peut remplacer avec avantage la fuchsine par pareille quantité de chrysoïdine.

Le vernis étant tiède, on en passe successivement quatre couches sur chaque côté de la plaque dont on veut faire un carreau, et on laisse sécher pendant quelques heures.

Les carreaux rouges ainsi obtenus, étant absolument inactiniques, peuvent être employés avec sûreté, sans aucun inconvénient pour les préparations sensibles, pour tous les usages photographiques, tels que carreaux de laboratoire, verres de lanternes, etc.

Cuvettes résistant aux acides, fabriquées avec des boîtes de plaques photographiques.

Quel photographe n'a pas déploré de ne pouvoir employer la grande quantité de boîtes de plaques vides qu'il rencontre partout dans son atelier ou dans son laboratoire?

Un moyen bien simple de transformer ces boîtes en cuvettes photographiques (cuvettes certainement aussi commodes et aussi solides que celles en tôle vernie ou carton durci du commerce) consiste à prendre tous les couvercles de ces boîtes vides et de les recouvrir au pinceau de la solution suivante :

Eau.......	100^{cc}
Gomme arabique...............	25^{gr}
Alcool ou éther...............	1^{cc}
Acide acétique.............. .	Traces
Chlorure de sodium (sel marin).	Traces

On laisse sécher, puis on prépare à chaud la solution suivante (que l'on trouve chez certains marchands de couleurs sous le nom de vernis brun à l'essence de térébenthine), savoir :

Essence de térébenthine...... 100 gr
Goudron...................... 34
Ocre jaune......... 1
Savon gras.... .... 0 gr,02

On en recouvre le couvercle de la boîte, mais seulement après séchage complet de la première solution ; le nombre des couches varie de quatre à six, selon la solidité que l'on veut donner à la cuvette.

Les cuvettes obtenues après complète dessiccation résisteront à coup sûr à tous les corrosifs, quels qu'ils soient. Le fond de la boîte pourra servir au même usage que le couvercle, mais en ayant soin de supprimer le double côté qui existe dans presque toutes les boîtes de plaques.

On avouera qu'il n'est guère de moyen plus simple et moins coûteux de se confectionner sans peine un très grand nombre de cuvettes solides de toutes dimensions.

Châssis-presses avec des plaques de verre.

Les châssis-presses commodes et pratiques du commerce coûtent relativement cher et, quand on désire en avoir une certaine quantité, même pour les petites tailles, les sommes à débourser sont assez élevées.

Les châssis-presses dont je vais indiquer le mode de fabrication ne sont vraiment pratiques que pour les petites grandeurs, car, passé 18×24, ils ne seraient plus d'une solidité suffisante.

Imaginons, par exemple, que l'on veuille construire un de ces châssis de grandeur 13×18.

On prendra une glace 13×18 provenant d'une plaque voilée ou gâtée, on la nettoiera soigneusement; on fera de même pour deux plaques 9×12. Puis on posera les deux plaques 9×12 sur la 13×18, on les réunira au moyen de pinces américaines, en mettant une de ces pinces aux côtés les moins larges de la plaque et deux aux côtés les plus larges, et le châssis-presse sera construit.

L'exposition se fera de la façon ordinaire.

On prendra le cliché à reproduire, on le posera

sur la plaque 13 × 18 (verre contre verre); puis, par-dessus le papier sensible (côté sensibilisé du papier contre gélatine de la plaque), on placera par-dessus encore une feuille de feutre fin, puis les deux verres 9 × 12, et l'on fixera le tout par les pinces.

Quand on voudra vérifier la venue de l'image, il suffira d'enlever les quatre pinces retenant une des plaques 9 × 12, on ôtera cette dernière, puis on regardera l'image ; on remettra la plaque 9 × 12 de la même façon que précédemment, et ainsi de suite.

Ces châssis, très pratiques, seront ceux par excellence que l'on devra emporter en voyage, car, étant d'un volume très restreint, une douzaine d'entre eux pourront être placés dans une boîte de plaques ordinaires.

FIN.

TABLE DES MATIÈRES.

	Pages.
Avant-Propos	v
Introduction	1
La Phototypie avec des plaques voilées	2
Imprimerie avec des plaques voilées	8
Rendre leur sensibilité aux plaques voilées	10
Second moyen de rendre leur sensibilité aux plaques voilées	12
Moyen de rendre leur sensibilité aux plaques orthochromatiques voilées	13
Quelques considérations sur l'emploi et la régénération des plaques voilées	14
Avec des plaques ordinaires, fabrication de plaques orthochromatiques	18
Avec des plaques voilées, plaques rapides au ferro-prussiate	19
Avec des plaques voilées, préparation de glaces au gélatinochlorure d'argent pour clichés positifs transparents sans développement	22
Préparation des places au gélatinochlorobromure d'argent avec des plaques voilées	24
Avec des plaques voilées, plaques salées	26
Positifs sur plaques au gélatinobromure d'argent	28

Pages.

Moyen pratique d'obtenir des positifs sur verre de tons
extrèmement variés, avec des plaques ordinaires... 29
Avec des plaques voilées, méthode d'impression aux
sels, avec virages à l'encre de toutes couleurs... .. 3o
Peintures sur gélatinobromure d'argent............. 36
Traitement des résidus photographiques 38
Moyen pratique de débarrasser de leur couche de géla-
tine les plaques voilées ou gâtées................ 4o
Virage donnant des tons verdâtres (virage nocturne)
imitant les clairs de lune...................... 41
Avec une plaque voilée, moyen de donner de la dou-
ceur aux épreuves............................. 42
Procédé pour obtenir des positifs très doux et des né-
gatifs très durs.............................. 43
Carreaux de laboratoire fabriqués avec des plaques
voilées......... 45
Cuvettes résistant aux acides, fabriquées avec des boîtes
de plaques photographiques........... 46
Châssis-presses avec des plaques de verre......... ... 48

FIN DE LA TABLE DES MATIÈRES.

Paris. — Imp. Gauthier-Villars et fils, 55, quai des Grands-Augustins.

www.ingramcontent.com/pod-product-compliance
Lightning Source LLC
LaVergne TN
LVHW010324030726
842520LV00004B/1257